Renate Fabel

Ich war Cleopatras
Lieblingskatze

Renate Fabel

Ich war Cleopatras Lieblingskatze

Ein vergnügtes Tagebuch

Mit Illustrationen von
Hans Fischach

Herbig

© 1986 by F. A. Herbig Verlagsbuchhandlung
München · Berlin
Alle Rechte vorbehalten
Umschlaggestaltung: Hans Fischach, München
Satz: Fotosatz Weihrauch, Würzburg
Gesetzt aus der 11/14 Souvenir mager, System Berthold
Druck: Jos. C. Huber KG, Dießen
Binden: Thomas-Buchbinderei, Augsburg
Printed in Germany
ISBN 3-7766-1436-6

Schöner Geburtstag!

Gestern hatte ich Geburtstag. Hatschi, die Schoß- und Schmusekatze von Cleopatra, wurde ein Jahr alt. Gleichzeitig feierte meine Herrin die vierzehnte Wiederkehr ihrer Geburtsstunde. Im Vertrauen gesagt – eine ziemliche Enttäuschung, dieser sogenannte Ehrentag. Wenigstens für mich. Während Cleo (so nenne ich sie heimlich) von ihrem Vater, dem tölpelhaften Auletes, immerhin goldene Armreifen für ihre Schlangengelenke geschenkt bekam, hakte sie mir als Überraschung einen piekenden Ring ins Ohr. Daran baumelt – idiotisch! – ein grünglitzernder Skarabäus von einigem Gewicht. Sonst jage ich diese Mistkäfer durch die Palastgärten, daß sie nur so flitzen, und jetzt schleppe ich so ein Ungeziefer hautnah mit mir herum. Ganz schön frustrierend.

„Ich bin mit dem heutigen Tage eine Frau, Erbin des Doppelthrons von Ägypten, und du

die Katze, die mich auf meinem schweren Weg begleiten wird", sagte Cleo feierlich und nahm mich in die Arme. Dabei – gute Göttin Bastet! – tropften ihr heiße Tränen aus den Augen, direkt auf mein kostbares Fell. Ich kam mit dem Putzen gar nicht mehr nach.

Mäusejagd rund um den Sarkophag

Später ging sie Alexanders Grab besuchen. Pflichtgemäß trottete ich hinterher. Der große Alexander, um den meine Herrin immer seufzt, als wenn es ihr Herzallerliebster wäre (dabei schläft er seit drei Jahrhunderten tief und fest), liegt in einem Mausoleum, zusammen mit anderen weißumwickelten Gestalten. Man muß unendlich viele Treppen mit eiskalten Stufen hinuntersteigen, dann geht es rechts und links um die Ecke und wieder rechts und links, zum Schwindligwerden! Der einzige Lichtblick sind die Heerscharen von Mäusen, die, so wie es sich für ein richtiges *Mausoleum* gehört, die Gänge bevölkern. Wovon die Graufellchen leben, weiß ich nicht. Ist mir auch, ehrlich gesagt, egal. Hauptsache, ich habe meinen Spaß. Und den habe ich, worauf sich alle heiligen Katzen von Bustatis verlassen können.

Und so amüsiere ich mich auf meine Weise, während meine Herrin ihrem Alexander melancholisch in die weitgeöffneten Augen starrt. Er und sie sehen aus wie Geschwister, sagt man, sind ja auch über ein paar Ecken miteinander verwandt. Nur herrschte er über ein ganzes Weltreich und ließ sich von niemandem etwas sagen, während Cleo, genauso wie ihr Vater, heftig vor den Römern *katzbuckeln* muß. Was ihr – verständlicherweise – rein anatomisch einige Mühe bereitet.

Der Römer staunt

Abends wurde es dann doch noch ganz geburtstagsmäßig. Cleos Vater, der langweilige Pfeifer, hatte zwei römische Männer zu Gast, vor denen er mit seiner ältesten Tochter protzen wollte. Meiner Herrin paßte das gar nicht, aber was blieb ihr übrig? Trotz ihrer dauernden Rede von Schlangenkrone und Doppelthron – noch muß sie nach Auletes' Flöte tanzen.

Als Begleitung zu dem Gastmahl wählte sie ihre Sklavin Gnäa und – wie könnte es anders sein – mich. Jetzt war ich doch ganz froh über den Ohrkäfer, wenn er mich auch im wahrsten Sinne des Wortes halb zu Boden zieht. (Mein Kopf hängt schon ganz schief.) Auf hohen, schlanken Beinen, die Lider halb geschlossen, was mir zusammen mit dem schiefgelegten Kopf einen ausgesprochen snobistischen Ausdruck verleiht, folge ich Cleo. Sie hat sich Rosen ins offene braune Haar

gesteckt, ihr Gewand wirft griechische Falten. Ein stolzer Anblick, wir drei, wobei *ich* natürlich den Vogel abschieße.

Dem haarigeren der beiden Römer, einem Krauskopf mit Münzenprofil, fielen die Augen fast aus dem Kopf. Er schnappte richtig nach Luft.

Cleo faucht zurück

„Was hat hier ein Katzenvieh zu suchen?" faucht er, als ich mich mit Sphinxgesicht neben meiner Herrin niederlasse. Dieser unnachahmliche Ausdruck ist mir angeboren. „Katzen" – er spuckt das Wort richtig aus, überhaupt spuckt er oft und viel – „Katzen gehören in die Gosse. Oder besser noch in den Tiber."

„Im Pharaonenland Ägypten nicht, Mark Antonius", gibt Cleo auf ihre herablassende Art zurück. In solchen Augenblicken liebe ich sie! Dann verzeihe ich ihr alles, sogar die schreckliche Unsitte, ihre frischgesalbten Hände (und manchmal auch die Nase) an meinem Seidenfell abzuwischen. „Bei uns sind Katzen heilige Tiere."

Mit Marmorschultern nimmt sie neben dem Barbaren Platz, winkt einem Sklaven, ihr Lamm und Weintrauben zu reichen, und beginnt mich mit knuspriger Lammkruste zu füttern. Ich Unselige! Hätte ich doch bloß die Krallen von den Mäusen gelassen, jetzt ist mir die Kehle wie zugeschnürt. So begnüge ich mich, ein wenig Fett zu lecken, und genieße im übrigen die Hitze, die aus den vielen Kohlenpfannen steigt. Es duftet süß und schwer nach Ambra, das kommt von dem parfümierten Wachs, das sich jeder der Gäste auf den Kopf gelegt hat. Dort schmilzt es allmählich und füllt die Luft mit seinem Wohlgeruch.

Aber da ist noch ein anderer Geruch, und der heißt Schweiß. Richtiger Männerschweiß, den dieser Krauskopf verströmt, er frißt und säuft und geniert sich nicht – mir entgeht unter meinen halbgesenkten Lidern nichts –, mit seinen haarigen Bocksbeinen nach Cleos Fesseln zu angeln. Da hätten Sie aber einmal Cleos Augen sehen sollen. Sie sprühen hundertkarätigen Haß. Ein Wink, und die unwürdige Gnäa muß den Platz mit ihr tauschen. Wir sehen sie erst am Morgen wieder. Sehr blaß und mit tiefen Augenrändern. Mark Antonius sieht nicht viel besser aus.

Schöne Katze – kluge Katze

Apropos Augen: Meine Augen sind grün wie der Nil und golden wie die Sonnenflecken auf den Blättern der Palmen. Sternenpünktchen flimmern darin, und rings um die Mandel schlängelt sich ein hauchfeiner schwarzer Strich.

Cleo sieht mich oft an und seufzt: „Oh, Hatschi", sagt sie, „alle behaupten, ich hätte die

herrlichsten Augen von ganz Ober- und Unterägypten. Aber gegen deine sind sie nichts, absolut nichts, zwei trübe Tümpel."
Darauf nimmt sie ihren kleinen verbeulten Silberspiegel und malt stundenlang an ihren Augen herum. Sie färbt die Lider mit blauer und grüner Farbe, stäubt Silberpuder über die Wimpern, zieht Kohlestriche da und dort, tropft sich eine wasserhelle Flüssigkeit in die Pupille. Nützt alles nichts, meine Augen bleiben schöner.
Das ärgert Cleo, und wütend bläst sie mir von ihrem Silberstaub in die Nase. So ein gepudertes Näschen sieht nun zwar sehr hoheitsvoll aus, doch vor allem kribbelt es, und ich muß niesen. „Hatschi", sage ich und nochmals: „Hatschi."
Cleo lacht. „Eine kluge Katze, die sich bei ihrem eigenen Namen nennt. Nein, was habe ich doch für ein altkluges Kätzchen." Und sie reißt mich in die Arme und tobt mit mir durch die Räume. Mein Ohrring läutet Sturm.

Das Geheimnis meines Namens

Dabei kommt mein Name gar nicht vom Niesen, nein, er ist von viel feinerer Herkunft. Meine Herrin taufte mich, als ich ihr mit blinzelnden Augen und einem angeblich verklebten Mäulchen (sie liebt es, mir das genüßlich zu schildern) das erstemal in die Arme gelegt wurde, nach Königin Hatschepsut aus der achtzehnten Dynastie. Unter ihrer Herrschaft entwickelte sich Ägypten zu der Perle, die es eben im Augenblick nicht mehr ist (die Bevormundung der Römer!). Bei Dair Al Bahri gibt es den berühmten Grabtempel der Hatschepsut-Königin, den Cleo in zartem Alter von sieben besuchte, begleitet von ihrem bläßlichen Bruder. Klein-Ptolemäus fiel damals vor Hitze in Ohnmacht – er ist ein ziemlicher Kretin–, Cleo dagegen entdeckte ihr Herz für die tüchtige Urahnin.
Da Hatschepsut zweifellos ein Zungenbrecher ist, machte Cleo kurzerhand Hatschi daraus.

Soll sie, tut mir gar nichts. Eines jedoch ist klar: Erst an dem Tag, an dem Cleo mich bei meinem vollen Namen ruft, heißt sie bei mir auch Cleopatra.

Feuchtes Vergnügen

Wir wohnen in Alexandria, der schönsten Stadt der Welt. Manche behaupten zwar, Athen sei schöner, aber das ist nur diese komische ägyptische Hochachtung vor allem, was griechisch ist. Auch Cleo betont dauernd, daß sie griechisches Blut in den Adern hat. Und ihre Nase – ja, die hält sie für speziell griechisch. (Mir kommt sie eher zu lang vor.)
Unser Palast liegt auf einem blumenüberwucherten Hügel, unten rauscht das Meer, grün, weiß und schäumend. Manchmal fährt Cleo mit einem kleinen Boot in die Wellen hin-

aus, dabei müssen ich und ein paar Sklavinnen ihr Gesellschaft leisten. Mir behagt das Geschaukel ganz und gar nicht, aber wenigstens ist die Bordverpflegung gut: Fisch und gehackte Muscheln und Flügelspitzen von Hühnern, lauter Lieblingsgerichte von mir. Cleo nimmt sich von allem als erste, kostet und füttert mich dann damit. Wohlgesättigt liege ich auf ihren zimtfarbenen Füßen, lecke ihr das Parfüm von den Zehen und zittere, daß mich kein Gischttröpfchen trifft. Cleo lacht, in ihren Augen funkelt (griechische?) Bosheit.

Auf einmal packt sie mich und tut, als wolle sie mich ins Meer werfen.
Da kann ich nur lachen (obwohl mir nach allem anderen zumute ist). Niemand weiß besser als meine Herrin, daß in Ägypten jeder, der eine Katze tötet, mit dem Tod bestraft wird. Dieses Gesetz gilt auch für eine zukünftige Göttin und Königin. So hoffe ich wenigstens.

Eine pikante Mischung

Ich stamme aus einem uralten Palastkatzengeschlecht. Meine Mutter, Rena, war wegen ihres aristokratischen Profils und der einzigartigen Wespentaille in ganz Alexandria berühmt. Leider zeigte sie auch weniger aristokratische Neigungen, so jagte sie blindlings jedem hergelaufenen Kater nach. Bis zu ihrem bedauerlichen Tod im Alter von acht Jahren (sie wurde von einer Sänfte erdrückt), brachte sie es auf siebenundvierzig Söhne und Töchter, worunter ihre Taille dann doch ziemlich gelitten hatte. Die letzte – und schönste! – Tochter war ich.

Zu meinem tiefen Kummer ist mein Vater unbekannt, man munkelt, es handle sich um

einen Hafenstromer aus der Siedlung der Phönizier. Doch, so tröste ich mich, unstandesgemäße Verbindungen bringen oft die entzückendsten Kinder hervor. Man denke nur an Cleos Halbschwester Iras. Deren Mutter war eine Germanin, die Iras' Vater, den Pfeifer, noch auf dem Sterbebett verfluchte (das erstemal, daß man sie sprechen hörte), trotzdem ist Iras schön wie die Morgenröte. Doch das hört Cleo gar nicht gern.

Wenn die beiden Mädchen ihr Haar in der Sonne trocknen (mit breitkrempigen Hüten ohne Deckel und auch sonst recht entblößt), wird Cleos Haar niemals so weizenblond wie das von Iras. Ergebnis: Cleo stampft wütend mit dem Fuß auf und zischt: „Verfluchter Bastard!"

Beleidigt fliehe ich aus ihren Armen. Damit meint sie doch hoffentlich nicht *mich?!*

Gedemütigt und geblendet

Seltsame Dinge passieren in Cleos Gemächern. Außer Apollodorus, ihrem Erzieher, geht neuerdings noch ein anderer Mann dort ständig ein und aus. Er ist groß, bronzefarben und trägt einen polierten Dolch im Gürtel, ein typischer Römer also. Wenigstens hat er nichts gegen Katzen, sondern – im Gegenteil – er erlaubt sich gelegentlich den „Scherz", mich wie einen alten Lederball mit seinen schwieligen Füßen über den Boden zu rollen. Dabei meckert er wie ein Ziegenbock. Ich lasse ihn großmütig gewähren. Römische Kinderei! Wer mich viel mehr empört, ist meine Herrin. Hat sie doch wahrhaftig die Stirn, mich wie eine lästige Stechmücke aus ihrem Schlafzimmer auszusperren. Unverschämtheit! Ich protestiere. Wo ich doch ihre offiziell akkreditierte Schoßkatze bin, also genau dortselbst hingehöre. Zutiefst gekränkt fange ich an zu klagen. Das hallt vielleicht durch den

Palast! Die ganze Dienerschaft läuft zusammen, sogar ein Arzt ist dabei.

Fazit: Ich darf wieder in Cleos privatestes Gemach, muß allerdings während gewisser Nachtstunden eine (smaragdbesetzte) Augen-

binde tragen. Äußerst lästig und dazu so irritierend. Sie müssen sich vorstellen – ich höre meine Herrin seufzen und sich wehren und weiß nicht, wie ich ihr beistehen soll. Massakriert sie dieser Römer etwa mit seinem Dolch...?

Ich kann's genauso

Soll Cleo doch mit ihrem Römer treiben was sie will! Interessiert mich nicht die Pfefferbohne, seitdem ich meinen Rheuma habe. Wer das ist?! Der verführerischste Straßenkater, der mir je unter die Pupille gekommen ist (und die ist, das können Sie mir glauben, was Schönheit und Laster angeht, einiges gewöhnt).

Wir treffen uns, sobald Cleo auf mich verzichten kann, unten am Rosenhügel, jagen ein paar Seevögel zusammen, machen einer frechen Kröte den Garaus, um dann zur eigentlichen Sache zu kommen. Jetzt bin ich diejenige, die seufzt und stöhnt und so tut, als wenn sie sich wehrt (was mir in Wirklichkeit niemals einfallen würde, ich bin doch nicht von allen Göttern und Halbgöttern Ägyptens verlassen!). Im Vertrauen – nicht einmal auf Cleos flachem, honiggesalbten Bauch zu schlafen, ist schöner. Rheuma hat da ein viel spezielleres Parfüm.

Schöne Aussichten!

Verflixt und zugenäht! Hat mich doch Apollodorus in einer eindeutigen Situation mit Rheuma erwischt und es gleich an Cleo weitergepetzt. Muß seine Knollennase auch in alles stecken, der fette Sack! Cleo tobt, schießt Blitze aus ihren schönen Augen, schmeißt ihre Schminktöpfe herum, daß es nur so kracht. Dauernd ist von „Verrat" und „elendem Betrug" die Rede, als hätte ich wie einst ihre hinterlistige Schwester Berenice eine Verschwörung gegen Auletes angezettelt.

Das Schlimmste aber: ich bekomme Ausgehverbot. Auf der Stelle und ohne Pardon. Nur die öden Palastgärten, wo die Sklaven gähnen und ab und zu eine überfütterte Eunuchenkatze über die Wege schleicht, bleiben mir als Spielwiese. Kläglich genug!

Meine einzige Hoffnung: Rheuma hat versprochen, Mittel und Wege zu finden, um mich

weiterhin zu beglücken. Sagte er mit treuherzigem Augenaufschlag. Bis heute warte ich vergeblich. Vor lauter Kummer werde ich dick und dicker, kaum daß ich noch in Cleos Schmuckschrein passe, mein Lieblingsversteck. Diesmal tobt Cleo nicht, dafür handelt sie umgehend: nur noch Wasser und Getreidekörner. Auch das noch! Wo es doch im ganzen Palast so verführerisch nach gebratenem Zicklein duftet.

Ich bin so mit den Nerven herunter, daß ich ernsthaft erwäge, mich im Weiher zu ertränken. Dann – viel schöne, viel grausame Herrin – mußt du dir deine Augenbrauen ratzekahl abrasieren, so wie sich das in besseren ägyptischen Häusern beim Verlust der Lieblingskatze gehört. Ich höre dich schon jammern.

Mutter sein dagegen sehr

Das Ertränken wird zurückgestellt, zunächst einmal werde ich Mutter. Rheuma hat sich ein allerliebstes Denkmal gesetzt – vier rotzfreche Söhne und Töchter. Nur die zarteste der Töchter sieht aus wie ich, wenn auch ihr Körper niemals das vollendete Ebenmaß meiner Gliedmaßen erreichen wird. Ich nenne sie Hatschis.

Meine neue Rolle beschäftigt mich einige Zeit. Ich säuge die Kleinen, halte sie sauber, bringe ihnen bei, nach Cleos Perlen zu jagen, die sie mit Vorliebe rund um ihre Lagerstatt verstreut, erst dann fangen wir an, auf Mäuse und ähnliches Getier überzugehen. Alle vier begreifen schnell, tanzen mir bald auf der Nase herum. Just in diesem Augenblick wird mir die Kinderstube lästig, ich sehne meine alte Unabhängigkeit (und Ruhe) zurück. Meine Herrin scheint Gedanken lesen zu können. Sie verschenkt die Kleinen an die gallischen Legionäre, die vor ihren Gemächern Wache halten. Dafür drücken sie ab und zu ein Auge zu...

Hatschis würde ich ganz gern behalten, wenn auch die leise Gefahr einer Konkurrenz besteht (trau, schau Cleo...). Deshalb bin ich fast erleichtert, als Cleo sie ihrem Römer mitgibt. Er muß zurück nach Rom zu einem gewissen Cäsar, der wieder einmal einen Krieg anzettelt. Hatschis soll ihn unterwegs an heiße ägyptische Nächte erinnern. So wenigstens drückt es Cleo aus. Na, wenn alle Männer so vergeßlich sind wie Rheuma...

Von nun an geht's bergauf

Na endlich – Cleo ist Königin. Ihr Vater, die traurige Figur Auletes, erlag einem Hustenanfall. Cleo schluchzte zwar wild (immer diese Maßlosigkeit!) und rang die Hände, aber man sah ihr die Erleichterung an der Nasenspitze an. Jetzt hat sie endlich das, wonach sie seit achtzehn Jahren strebt, die Schlangenkrone nämlich, und muß nur noch versuchen, mit ihrem idiotischen Bruder Ptolemäus auszukommen. Der hat genauso viel zu sagen wie sie. Wenigstens auf dem Papyrus, inoffiziell sieht es schon anders aus. Da wagt der dumme Kerl in Cleos Gegenwart kaum sein blasses Mündchen aufzumachen, so zittert er vor ihr. Deshalb kommt auch eine Heirat – wie sonst üblich – zwischen Bruder und Schwester nicht in Frage.

Cleo ist also Königin, und damit hört als erstes der ständig wechselnde Verkehr in ihrem Schlafzimmer auf. (Wurde auch höchste Zeit,

ich habe schon eine ganz wundgescheuerte Nase von der Augenbinde.) Für eine Königin schickt sich sowas nicht, die muß Vorbild sein, auch was die Moral betrifft. Ob das genauso für eine königliche Katze gilt?

Wir repräsentieren

Harte Zeiten für Cleo – sie muß regieren. Klar, daß sie damit nicht mehr so viel Zeit für mich hat. Ist mir einesteils sehr recht (man weiß ja nie, was ihr als nächstes einfällt), auf der anderen Seite steckt eine Katze meiner Provenienz nicht gern zurück.
Also benehme ich mich von nun an besonders gut und schaffe es, daß die neue Herrscherin mich auf ihre öffentlichen Auftritte mitnimmt. Einzige Bedingung: ich muß mucksmäuschenstill sein (was fast einer Beleidigung

gleichkommt). Doch der Aufwand lohnt sich: Cleo in meerfarbenen durchsichtigen Gewändern, mit denen der Wind spielt, auf einem Thron aus Elfenbein, die Schlangenkrone fest auf die schwarze Perücke gedrückt, zu ihren Füßen ein seltenes Prachtexemplar von Katze

– die Menge tobt. Meiner Herrin rinnt der Schweiß in Strömen über das Gesicht, trotzdem starrt sie unbewegt geradeaus. Nur einmal, als das Toben nicht aufhören will, hebt sie schwach die Hand.
Auf der Stelle vergesse ich meine Mäuschenhaltung und beiße sie verstimmt in den Zeh. Hat Cleo einen Hitzschlag oder was ist mit ihr los? Glaubt sie vielleicht, der Jubel gilt allein ihr?!

Schwierige Zeiten

Die Königin Ägyptens macht sich Sorgen. Etwas übertrieben, wie ich finde. Das Volk betet sie an, schickt ihr stoßweise Lobeshymnen und Wachstäfelchen mit Zeichnungen ins Haus, preist ihre Schönheit und Güte(!). Aber das genügt Cleo nicht. Ihr fehlt,

wie sie dem Petzer Apollodorus anvertraut, während sie nachdenklich mit meinem Ohrring spielt, die Unabhängigkeit von Rom. (Ich argwöhne: Ist es nicht eher die Abhängigkeit von einem Römer?!)
Außerdem gibt es da die gewaltige Mißernte in unserem Land. Der Nil ist in diesem Jahr nicht wie sonst über die Ufer getreten, damit fällt die Ernte aus. Tausende von Ochsen, Antilopen und Menschen sind schon verhungert, ihre Skelette säumen den Flußlauf und werden von den (ebenfalls hungrigen) Vögeln blankgepickt. Nur uns heiligen Katzen geht nichts ab, wir schöpfen fröhlich weiter aus dem Vollen. Ja, wer so dumm ist, keine Katze zu werden...

Ein Hundeleben

Cleo läßt sich von den Priestern überreden, mit dem Boot nach Theben zu reisen, um dort die Mutter des heiligen Stiers zu spielen (das soll angeblich die Götter versöhnen). Sonnenverbrannt und dünn wie ein Schilfrohr kehrt sie zurück, schließt mich nach langer Trennung überglücklich in die Arme. Überhaupt ist sie viel patenter geworden, eine richtig erwachsene Frau, auf die man langsam zählen kann. Nur Angst hat sie, schreckliche Angst. Vor ein paar heimlichen Verschwörern im Palast, die Klein-Ptolemäus gegen seine Schwester aufhetzen, vor kleinen Fältchen in den Augenwinkeln und dann vor allem vor dem Essen, das ja vergiftet sein könnte!
Deshalb schleicht hier neuerdings eine jämmerliche Töle von Hund herum, so eine Art Vorkoster für Cleos Speisen. Ein dämlicher Kerl! Stürzt sich winselnd vor Freude auf jedes Fleischschüsselchen, das Gnäa ihm vorsetzt,

und schlingt alles in einem Satz hinunter. Bis er dann eines schönen Tages – immer noch winselnd, aber nicht mehr so freudig – sich nach dem Genuß eines Muschelgerichts in Krämpfen windet. Das hat er nun von seiner Freßgier, der Barbar! Und wird nicht einmal, wie die vornehmen Katzen Ägyptens, mit allen feierlichen Ehren in Bubastis beigesetzt. Man wirft den Kadaver einfach in den – wieder steigenden – Nil.

Verraten und verlassen

Die traurige Quittung meiner bald achtjährigen Treue: Cleo ist auf und davon. Schlich mit Gnäa, dem schwammigen Apollodorus sowie ein paar strammen Galliern und Germanen bei Nacht und Nebel aus dem Palast, um nicht doch noch vergiftet zu werden.
Vorher allerdings – hier gebührt der Wahrheit die Ehre – fand ein herzzerreißender Abschied zwischen uns beiden Unzertrennlichen statt. Cleo in ihrem Knabenwams drückte mich so innig an ihr Herz, daß ich ihren pyramidenförmigen Busen deutlich durch den rauhen Stoff spürte.
„Vergiß mich nicht, göttlichste aller Katzen", flüsterte sie und küßte jedes einzelne meiner hauchzarten Pfötchen. „Verrate mich nicht so wie die anderen."
Damit meinte sie nicht etwa den schönen Römer, Ziehvater von Hatschis, der – natür-

lich – nichts mehr von sich hören ließ, sondern ein paar doppelzüngige Kreaturen rund um ihr „reizendes" Brüderchen. Zum vorläufig letztenmal spielten wir unser Lieblingsspiel. Ich kroch unter den Teppich vor Cleos Liegestatt, zwinkerte schelmisch darunter hervor, und sie rollte mich wie eine Dattelfrucht in das kostbare Stück aus Syrien ein. Im Vertrauen gesagt – ein ziemlich albernes Spiel, aber Cleo macht das solchen Spaß, daß ich nicht kneifen kann.

Jetzt ist sie fort, und ich streiche ratlos durch die endlosen Gänge. Eine königliche Katze ohne Königin, Hatschi ohne Cleo, das ist ... ja, das ist fast die achte Plage Ägyptens.

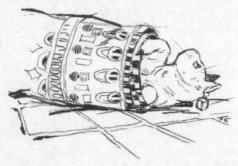

Ein langer, öder Sommer

Natürlich würden sie gern ihre Wut an mir auslassen, Klein-Ptolemäus und Genossen. Weil Cleo ihnen entwischt ist und das Volk nicht jubelt wie erwartet und sie dauernd die falschen Leute umbringen und ich ein lebendiges Souvenir an die Königin bin. Cleos andere (weit weniger) kostbaren Souvenirs haben sie schon vernichtet, beziehungsweise weiterverschachtert: ihre Armreifen und Gürtelschließen und Salbentöpfe mit dem Zeichen des Ibisvogels. An mich jedoch wagen sie sich nicht heran. Die löwenköpfige Göttin Bastet könnte sich ja rächen, und ihre Rache ist grausam.
Einmal versuchte Pothinius, der widerlichste von allen, mir sein klobiges Bein zu stellen. Da habe ich ihm aber – bei meiner unsterblichen Seele – sorgfältig geschärfte Krallen und ein makelloses Gebiß gezeigt. Humpelt jetzt noch, die Kanaille.

Das einzige Mal, daß ich aus meiner Schwermut erwachte. Halt – genau genommen gab es ein zweites Mal. Für eine kurze Stunde verschenkte ich mich an Efru, dienstältester Kater im Palast. Ist zwar ein Knochengerüst (wenn auch mit Fußkettchen) und sabbert fürchterlich beim Essen, aber sonst steht er durchaus seinen Mann.
Der schlagende Beweis: zwei Kinderchen, die mich umwieseln. Sabbern zwar auch – ganz der Papa – und klappern mit ihren dünnen

Knöchelchen, doch wenigstens bin ich nicht allein. Gemeinsam langweilen wir uns durch den Sommer.

Cäsar tritt auf den Plan

Die Ereignisse überschlagen sich. Pothinius, der Humpelfuß, ist in die Flucht geschlagen, die übrige räuberische Bagage sitzt hinter dicken Mauern, Klein-Ptolemäus hat sich in sein Spielzimmer zurückgezogen und lutscht hilflos und beschämt Daumen. (War wohl doch keine so großartige Idee, gegen Cleo zu intrigieren?) Ein neuer Herr regiert jetzt im Haus. Es ist der berühmte Cäsar, ein nicht sehr junger, nicht sehr großer, ganz und gar nicht liebenswürdiger Mann mit kohlrabenschwarzen Augen und einer mächtigen Glatze.

Der kann vielleicht kommandieren! Wenn er nur mit den Augen rollt oder nervös mit den Fingern schnippt, dann flitzen sie wie die Spitzmäuse, seine Soldaten und unsere Sklaven. Mit Katzen hat er bedauerlicherweise nicht viel im Sinn, eher schon mit Frauen. Für zwei Nächte hat er die hübsche Iras in sein Bett geholt, hinterher mußte sie gleich mehrere Tage ihr eigenes hüten. Wenn das Cleo wüßte! Neuerdings hält sie doch so auf Moral. Komisch, seit Cäsar da ist, redet keiner mehr von Cleo. Sie scheint vergessen, abgelegt in einen Sarkophag wie der große Alexander. Langsam verschwindet auch der Duft ihres Moschusparfüms aus dem Palast, dafür stinkt es bestialisch nach Leder. Aus einem ehemaligen Lusttempel ist ein richtiges Heerlager geworden.

Schlaflose Nächte

Ein echter Saufbold, dieser Cäsar! Hat eine Nase rot wie ein Glühwürmchen und zittert mit den Händen wie ein Greis. Mag sein, daß beides auch von zu wenig Schlaf herrührt. Drei Stunden höchstens erschüttert er die Wände mit seinem Schnarchen, dann höre ich ihn rastlos durch die Räume wandeln. Murmelt dauernd etwas von Eroberungen, einmal erwähnte er auch Cleo. (Allerdings nannte er sie „männerverschlingende Heuschrecke" und „unreifes Gör", was ich – seine Verdienste in Ehren – als reichlich despektierlich empfand. Wer schimpft ihn denn einen garstigen alten Mann?!)

Nebenbei interessiert er sich brennend für Antiquitäten, ägyptische selbstverständlich. (Rom scheint erschreckend neureich zu sein.) Seine Soldaten haben Befehl, alles heranzuschleppen, was ihnen in die Finger fällt: Weinkrüge (alte und neue, volle und leere), Tongefäße, Katzen(!) aus Bronze, buntbemalte Brokken von Wandfresken. Ein Glück, daß der Grabtempel meiner seligen Namenspatronin Hatschepsut in einen Felsen gebaut ist, sonst würde er sich den auch noch unter den Nagel reißen.

Jetzt wünscht er sich einen Teppich, so einen wie vor Cleos Liegestatt. Den kriegt er aber nicht, und wenn er sich senkrecht auf die Glatze stellt! Alle vier Samtpfoten artig untergeschlagen, sitze ich auf dem Bettvorleger und mache mein berühmtes Sphinxgesicht. Hatschi – die Hüterin heiliger Stätten.

Das Geheimnis des Teppichs

Da meldet sich ein Nubier mit einem Teppich aus Syrien. Ohne Leibesvisitation darf er die Wache passieren, wird eilig in Cäsars Privaträume geschleust. Cäsar will – ein Befehl – mutterseelenallein sein, wenn er die Beute begutachtet. Daß ich mich zwischen den ebenholzfarbenen Nubierbeinen ins Zimmer geschlichen habe, entgeht seinem Feldherrnblick. So fiebert er vor Begierde.
Der Teppich wird entrollt, der Nubier tritt zurück, Cäsar tritt nach vorn, und dem Teppich entsteigt – ich glaub', mich tritt ein Elefant! –

Cleo, meine Cleo. Zwar immer noch in Knabenkleidung und auch sonst ziemlich verlottert, doch unverkennbar die schöne Herrin vom Nil.

So ein Wiedersehen muß gefeiert werden. Wie eine Rose ranke ich mich an Cleos Gazellenkörper empor, reibe meinen Kopf an ihrer staubigen Nase, brumme und summe wie ein ganzer Bienenschwarm. Wer mich enttäuscht, ist Cleo. Statt in Entzückungsrufe auszubrechen und ihr Herzallerliebstes an sich zu drücken, hält sie den männermordenden Blick unverwandt auf Cäsar gerichtet. Gerade daß sie sich noch zu einem „Brav, Hatschi, brav, brav" aufrafft.

Natürlich brav! Den Trick mit dem Teppich hat sie ja schließlich von mir.

Liebe in Potenz

Sie trinken unzählige Krüge Wein miteinander. Sie halten sich an den Händen und lassen sich nicht mehr los. Ehrlich – so etwas von Verliebtsein habe ich überhaupt noch nicht erlebt. Dagegen war ja meine Affäre mit Rheuma eine matte Sache, lauwarm wie Regenwasser, wie... (lassen wir das). Klar, daß bei soviel Engagement von seiten meiner Herrin nicht gerade viel Zeit für mich übrigbleibt. Schmusen gleich Null. Und das nach so langer Abstinenz! Ich schmolle.
Um nicht total im Frust zu ersticken, lache ich mir auch einen Liebhaber an. Er heißt Rada-

mes und ist vier Jahre jünger als ich, ein schmucker Kerl mit dem Kopf voller Firlefanz und höchst ansehnlichen Muskeln. Gerade haben wir Geschmack aneinander gefunden (der legt sich vielleicht ins Zeug!), da kommt der Befehl von oben: „Ab aufs Schiff!"
Ich schmolle stärker. Ausgerechnet jetzt und wo ich doch das Geschaukel nicht ausstehen kann. Aber Cleo bleibt hart. Sie will ihre Schoßkatze bei sich haben, wenn sie sich auf große Schaufahrt den Nil aufwärts begibt. Ist andererseits auch wieder verständlich.

Gesegnete Zustände

Dieses Prachtweib Cleo! Hat sie doch – zugegeben mit Cäsars Hilfe – alles erreicht, was sie sich in ihr ehrgeiziges Köpfchen gesetzt hat. Ist nicht nur Königin, sondern auch noch Göttin. Niemand macht ihr die Ehre streitig: Pothinius und seine Verbrecherbande sind unschädlich gemacht, Klein-Ptolemäus liegt ertrunken im Nilschlamm. Auf seinen Platz ist ein noch mickriger, noch jüngerer, aber wesentlich weniger intriganter Bruder nachgerückt. Cleo übersieht ihn geflissentlich.

Um Cleos ganze Macht und Herrlichkeit (wie es ein Dichter beschrieb: sie leuchtet mit dem

Sonnengott Amun-Ra um die Wette) landauf, landab zu demonstrieren, findet dieser Triumphzug zu Wasser statt. Man muß die Leute zum Staunen bringen, meint Cäsar (der laut Cleo immer recht hat). Na ja. Der ganze Hofstaat muß mit, an erster Stelle ich. Ja, ja, auf einmal braucht die Treulose wieder etwas zum Drücken und Schmusen und Kosen. Und wissen Sie, warum? Weil sie schwanger ist. Ein Schicksal, das sie mit ihrer Schoßkatze teilt.

Eine Nilfahrt, die ist lustig

Trotz Geschaukel und Geschlingere – an die Nilfahrt denke ich gern zurück. Wir hatten eine angenehme Zeit miteinander, Cleo und ich, fast wie in unseren ganz frühen Jahren. Zwar war Cäsar in der Nähe, doch hielt er sich zurück. Beugte sich nur immer wieder über seine Geliebte, meine Herrin, die mit üppigen Rundungen auf seidenen Kissen ruhte und Pfefferminztee schlürfte, und wühlte in ihrer Haarpracht. Wandte er sich dann ab von Cleo, wurde sein Blick wieder eisenhart. Ein komischer Typ, dieses angebliche Weltgenie.

Unser Schiff war groß wie ein Königspalast, mit Innenhöfen, Kolonnaden, Bankettsälen,

Altären (griechischen, römischen, ägyptischen), alles aus Zedernholz und üppig mit Blattgold verziert. Vorwärts brachten dieses Monstrum viele Reihen von Ruderern, deren Rücken – ich beobachtete es fasziniert – sich von Tag zu Tag mehr krümmten. Hinter, vor und neben unserem Schiff schwamm eine Flotte von anderen Schiffen und Booten, alle jedoch viel weniger prächtig als das unsere, Begleitvolk eben. Weiteres Volk drängte sich am Ufer, es winkte und klatschte und spielte zu Ehren der beiden werdenden Mütter auf allen möglichen Instrumenten. Cleo gefiel es, ich, dagegen flüchtete in die Schiffsküche. Nein, also wirklich, auf diese Art von *Katzen*musik kann ich verzichten.

Kinderstube – so und so

Cäsarion, Cleos Sohn, wurde in einer Vollmondnacht geboren, drei Stunden bevor ich niederkam. Das Herzchen sah ganz aus wie sein Vater, uralt, glatzköpfig und griesgrämig, während meine fünf muskulösen Kleinen richtige Racker waren (also auch wie ihr Vater).
Cleo bekam Mohnsaft bei der Geburt, damit sie nicht so wimmerte, um meine Leiden kümmerte sich niemand. Dafür haben es meine Kinder viel besser als der Welterbe, dürfen in Cleos Baderaum herumkugeln und ihre Sandalen verschleppen, was nicht einmal ihren älteren Geschwistern erlaubt war. Cäsarion dagegen – nun, der hat schon Pflichten wie ein Erwachsener. Wird im zarten Alter von drei Wochen in eine Pharaonenrobe gesteckt und bei Gluthitze im Isistempel symbolisch gekrönt. Wie wild nagte er an dem Schlangenszepter herum (ich nehme an, er hatte Hun-

ger). Das gefiel seiner Mutter, meiner machtgierigen Herrin, die für ihren Wundersohn Allergrößtes vorhat, als nächstes strebt sie ein römisch-ägyptisches Weltreich an. Cäsar kann das Thema schon nicht mehr hören. Um sich einige Zeit von ihr zu erholen, plant er eine Reise nach Rom. Dort wartet, wie es heißt, unter anderem eine rechtmäßige Ehefrau auf ihn. Seine ägyptische Familie soll später nachkommen. In dieses Barbarenland?! Ich richte mich auf das Schlimmste ein.

Nächtliche Beichte

In der Abschiedsnacht hatte das Liebespaar Krach miteinander. Cleo spielte die Eifersüchtige. Verlangte mit komisch hoher Stimme zu wissen, wie viele Frauen Cäsar im Laufe seines langen Lebens so geliebt hätte. Nach einigem Zögern rückte er mit etwa tausend heraus, Kriegsprämien und Gastgeschenke inbegriffen. Ich machte unter dem Liebeslager große Ohren. Dort hielt ich mich jetzt immer versteckt, um der lästigen Augenbinde zu entgehen.

„Und Knaben?" wollte Cleo mit noch höherer Stimme wissen. Die Zahl tausend lag ihr anscheinend schwer im Magen.

„Oh, das ist zu lange her", drückte sich Cäsar vor einer Antwort. Flugs drehte er den Spieß herum und wollte nun seinerseits hören, wie viele Liebhaber es denn bei der prüden Cleo gewesen seien. Einer, zwei …? Ich hielt den Atem an. Sie würde doch nicht …!

Aber nein, meine Cleo ist klug, selbst in den Armen eines Mannes. „Einer", zirpte sie nach

einer kleinen Weile, „auch ein Römer." Wie ich sie kenne, wurde sie nicht einmal rot dabei.
Jetzt brach der Krach erst richtig los. Cäsar wütete. Ausgerechnet ein Römer, schnauzte er. Ja, wäre denn keine Römertoga sicher vor ihr? So ging es endlos hin und her, bis Cäsar schließlich erschöpft losschnarchte. Cleo dagegen lag noch lange wach. Ich nehme an, sie zählte die tatsächliche Zahl ihrer Liebhaber zusammen. Das brauchte Zeit.

Rom – ewig schreckliche Stadt

Cäsar reiste ab – Cäsar ließ nichts von sich hören – Cleo raste – Cäsar schickte einen Boten – Cleo strahlte – Cäsarion greinte (die ersten Zähne!) – wir packten.
Ersparen Sie mir die Beschreibung der endlosen Strapazen, bis wir Rom endlich erreich-

ten – eine äußerst farbenprächtige Tragödie! Cäsarion schrie sich dunkelblau, während meine Herrin – nun, die leuchtete unter ihrer dicken Schminke kreideweiß. Vor Nervosität und wohl auch vor Heimweh.

Ich kann's ihr nachfühlen. Niederdrückend, dieses Rom! Eine Ansammlung von kahlen, vielstöckigen Gebäuden, dazwischen Säulen, den griechischen Tempeln nachgemacht, dazu der Schmutz auf den Straßen und dann dieser Gestank! Nach Abfällen und fauligem Wasser. Das Schlimmste aber: Katzen werden hier wie die letzten Hunde behandelt. Schleichen verschorft durch die Gassen und wühlen

im Straßenschlamm nach Essensresten. Und so etwas nennt sich nun fortschrittliche Republik?! Da lobe ich mir doch unser straff geführtes Königreich!
Als ich einem römischen Katzenkollegen per Zufall in unserem Garten begegne, macht er einen erschrockenen Satz hinter eine Zypresse.
Ich muß ihm wie eine geheimnisvolle Schöne aus dem Morgenland vorgekommen sein. Womit er direkt ins Schwarze traf.

Gespannte Verhältnisse

Wir wohnen in einer weißen Villa am Tiberufer – nicht zu vergleichen mit unserem Palast daheim in Alexandria. Keine üppigen Teppiche, keine pikanten Mosaikdarstellungen an den Wänden, kein wollüstiger

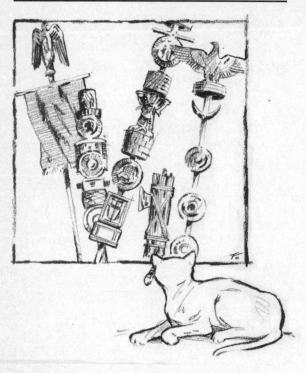

Parfümduft – nichts, alles höchst steril. Gut, wenigstens sind Sklaven und Pferde und Essen und Trinken in Mengen vorhanden. Die Römer geben sich redlich Mühe, aber – tut mir leid – die alte Kultur fehlt eben überall.

Cäsar ist – zu Cleos Kummer – selten zu Hause. „Der Senat, der Senat", entschuldigt er sich mit einem merkwürdigen Wackeln seines alten Kopfes. Und wenn er mal zu Hause ist, schlingt er Dutzende von gerösteten Brotscheiben in sich hinein, schluckt mehrere Liter Wein oder schläft. Die Zeiten der Flitterwochen scheinen endgültig vorbei. Dafür macht sich neuerdings an Cleos Seite ein gewisser Brutus *mausig*. Nennt sich Cäsars Patensohn, dabei pfeifen es die Spatzen von den römischen Dächern, daß er ein Sohn des alten Tatterichs ist. Sieht ihm auch haargenau ähnlich, viel mehr noch als Cäsarion.

Mit diesem arroganten Typ geht Cleo spazieren, schiebt stundenlang Klötzchen auf einem Holzbrett hin und her, führt tiefschürfende Gespräche. Nur ihre Pläne, die wälzt sie allein (beziehungsweise in ihren meist einsamen Nächten mit mir). Ihr neuester: Cäsar muß römischer König werden.

Warum nicht gleich römischer Gott?

Wiedersehen macht Ärger

Ich ahnte es doch – Rom steckt voll finsterer Überraschungen. Aber daß es gleich so dick kommen muß! Fällt mir doch gestern aus heiterem Himmel dieser bocksbeinige Flegel Mark Antonius ins Auge. (Sie erinnern sich? Der, welcher eine Katze am liebsten im Tiber schwimmen sieht.) Allerdings hatte er sich erheblich gemausert: Seine Beine waren rasiert, und ganz so nach Schweiß roch er auch nicht mehr.

Das Wiedersehen war einseitig. Mark Antonius sah mich nicht, während ich ihn durch ein präpariertes Loch in Cleos sonnengelbem Chiton erspähte. An ihrem göttlichen Busen hielt ich mich verborgen, um gemeinsam mit Cleo und ihrem aufgeputzten Herrn Sohn Cäsars Triumphzüge zu beäugen. Drei volle Tage dauern sie an, einer davon ist der angeblichen Eroberung Ägyptens gewidmet. Ziemlich geschmacklos, wie Cleo und ich finden, aber tue etwas gegen Cäsars Wahn! Nein, nein, jetzt ist er einmal an der Reihe, sich feiern zu lassen, raunzt er dickköpfig. Typischer Fall von Altersstarrsinn!

Wie ein strahlender Jüngling sieht er auch nicht gerade aus, als er in einem goldenen Triumphwagen heranrollt, den Siegeskranz tief in die Glatze gedrückt. Wenigstens weiß er, was sich gehört, hält genau gegenüber uns dreien und verbeugt sich, die Hand pathetisch aufs Herz gedrückt.

Durch die Menge geht ein Staunen. Am meisten staunt Calpurnia, Cäsars Frau, die

dick eingeschnürt einige Reihen hinter uns sitzt. Wütend tuschelt sie mit Brutus. Mark Antonius, dieses charakterlose Mannsbild, aber kann sich auch nur wundern.

Süßes Leben à la Rom

Rom kommt aus dem Feiern gar nicht mehr heraus. Erst waren es die Triumphzüge, dann die Hinrichtungen der Feinde (mit Freiwein im Rinnstein und gebratenen Ochsen), schließlich die perversen Spiele im Amphitheater. (Brutus nennt sie Katz-und-Maus-Spiele, aber dagegen verwahre ich mich. Wir laden dazu schließlich keine Zuschauer, oder?) Über der ganzen Stadt hängt ein Blutgeruch, der die Hitze noch schlimmer macht. Oh, wie ich unsere kühle alexandrinische Brise vermisse!

Cleo kehrt schlechtgelaunt von so einem Schlachtfest zurück. Sie hat Kopfschmerzen und zankt sich mit Cäsar, der sie gegen ihren Willen in Marmor hauen ließ. Die Statue ist für den neuen Venustempel bestimmt. „Und das soll ich sein? Ich erkenne nur eine Kurtisane." Cäsar malmt mit den morschen Kiefern, er ärgert sich. Unwirsch reißt er seinen Sohn aus dem Schlaf. „Mama, Mama", schluchzt der müde Balg und wackelt auf die Statue zu. Cäsar malmt noch immer, diesmal zufrieden, Cleo dagegen schäumt. Gerade will sie zu einer längeren Standpauke ausholen, da wendet sich das Blatt, und Cäsar beginnt zu schäumen. Aber im wahrsten Sinne des Wortes. Gischt tropft ihm aus dem Mund, er poltert zu Boden und verdreht die Augen wie ein geopferter Hammel. Also, intelligent sieht er in dieser Position nicht gerade aus.
Neugierig schleiche ich näher. Der Welt größter Feldherr, hilflos wie ein Baby! Ein unvergeßlicher Anblick!

Vielgeliebte Cleo

Hat meine schöne Herrin doch das Kunststück fertiggebracht, den römischen Plebs für sich zu begeistern. Ja, ja, wie ich immer sage, gegen ägyptischen Charme ist kein Kraut gewachsen. (Auch ich erlebe es auf Schritt und Tritt. Dauernd will mich einer dieser Hungerleider von Tiberkatern vergewaltigen. Aber Rassenschande? Kommt nicht in Frage!) Ganz Rom liegt Cleo zu Füßen, wie sie sich frisiert und was sie anzieht, ist am nächsten Tag große Mode. Nur die Schoßkatze mit Ohrring, die hat ihr noch niemand nachgemacht. Ich bleibe ein Unikat.
Darum umschleichen sie mich auch mit tiefem Respekt, all die Philosophen und Staatsmänner und Künstler mit ihren Frauen und Geliebten, wenn sie Cleos berühmte griechische Nachmittage besuchen. Was da (nach endlosen Dichterlesungen) für Klatsch dahergeredet wird, nicht zu fassen! Daß Cäsar seine

Calpurnia heimlich besucht hat und Fulvia, des Mark Antonius' Frau, ihre Liebhaber wie die Tuniken wechselt und Antonius im Schlaf von Cleo spricht … Mir klingen richtig die Ohren.

Cleo aber lächelt nur. Schwebt herum, reicht Feigenkonfekt und zeigt beharrlich ihre spitzen Mausezähnchen. „Das bin ich Cäsar schuldig", so erklärt sie mir das. „Was er an Gunst verspielt, muß ich gewinnen."

Weit ist es mit der Königin vom Nil gekommen.

Ab nach Alexandria!

Manchmal lassen einen die Götter ewig schmoren ... In meinem Fall waren es zwei volle Jahre, die mir – ich gestehe es beschämt – die ersten grauen Haare einbrachten (Cleo zupft sie sorgfältig aus). Doch die Warterei hat sich endlich gelohnt: es geht heim nach Alexandria.
Was passiert ist? Cäsar gibt es nicht mehr, er wurde erstochen im Senat, unter anderem von seinem geliebten Brutus. Das hat er nun von seiner blinden Arbeitswut und seinem blinden Vertrauen. Cleo weint sich die Augen aus, was ich für ziemlich überflüssig halte, denn erstens werden sie nicht schöner davon, und zweitens war er in letzter Zeit einigermaßen ekelhaft zu ihr, der epileptische Mummelgreis. Lief nur noch mit seinem zerfledderten Lorbeerkranz und Weinflecken in der Toga herum, spielte den Größenwahnsinnigen, schikanierte die Familie. Kein Wun-

der, daß ihm niemand die Krone anbot, dafür jede Menge Dolche. Jetzt müssen wir alle zusammenhalten, ich und Cleo und Cäsarion und Iras und wer sonst noch alles ägyptisch ist (der namenlose Bruder scheidet aus, er starb an der sogenannten ägyptischen Krankheit. Oder war es Gift?). Wir sollten uns vor dem aufgewiegelten Mob in acht nehmen und fest zusammenhalten. Aber was tut Cleo? Verbündet sich mit meinem Erzfeind Mark Antonius und sieht ihm tief in die lüsternen Augen, bevor sie das Schiff Richtung Heimat besteigt. Dabei ist nicht er der Nachfolger Cäsars, sondern Cäsars Neffe Octavian.

„Wir sehen uns bald wieder", ruft er ihr nach. Ich glaube nicht recht zu hören. Und wie reagiert Cleo? Sie nickt mit wohlwollendem Einverständnis.

Verdammte Pest!

Kaum zurück in Alexandria, wo ich quasi über Nacht zu neuer (will sagen: meiner alten) Schönheit erblühe, mache ich mich schleunigst daran, mein brachliegendes Liebesleben wieder aufzunehmen. Zwei Jahre Sexpause – das hält ja die kaltblütigste Katze nicht aus (und erst eine von meinem Temperament!). Wäre nicht meine feine Erziehung, ich hätte so manchesmal Stücke aus meinen seidenen Kissen gefetzt, mich in Cleos schlanke Fesseln verkrallt. So aber zügelte ich notgedrungen meine Leidenschaft.
Doch – was ist das? Ramses, Efru, die vorwitzigen Drillinge aus dem Judenviertel, Phnoe, der hinkende Teufel – alle fort, wie vom Erdboden verschwunden. Beziehungsweise, wie sich rasch herausstellt, liegen mit aufgedunsenen Bäuchen und glasigen Augen in den Straßen umher. Verdammte Pest! Im wahrsten Sinne des Wortes. Ja, ja, mein ge-

liebtes Alexandria wird derzeit böse von den Göttern heimgesucht. Das kommt davon, wenn sich die Herrscherin pflichtvergessen in Rom amüsiert. Drei Viertel der Menschen und sieben Achtel der Katzen mußten bereits daran glauben. Und jeden Tag werden es mehr.

Um mich anderweitig abzureagieren, scheuche ich ein bißchen die fetten Ratten, die

sich überall im Palast breitgemacht haben. Doch da schreit Cleo gellend: „Nicht, Hatschi, nicht!" Sie zittert um ihren Liebling, der sich infizieren könnte. Balsam für meine Seele.

Warten auf ein Wunder

Cleo macht mir Kummer. Einst eine vielgerühmte Schönheit (wenn auch mit zu langer Nase), welkt sie nach Cäsars Tod still vor sich hin. Das Haar fällt ihr aus, das kleine, schmale Gesicht wird noch kleiner und schmaler und blasser. Was Männerlosigkeit doch alles bewirken kann! (Im Vertrauen gesagt – auch ich stelle einige, wenn auch unbedeutende Veränderungen an mir fest. Meine Taille hat sich sanft gerundet, und neulich sprach mich ein Küchensklave auf mein mehlweißes Schnäuzchen an. Was er mit

einem Kratzer quer über seine vorlaute Lippe bezahlte.)

Um sich abzulenken, steigt Cleo in ein Bad aus Mandelmilch und Rosenöl. Das soll Röte in die Wangen bringen und die Haut zart machen wie Katzentätzchen, schwört Gnäa, die von Kosmetik viel versteht. Lustlos plätschert Cleo in der Zauberbrühe herum, eine schaumgeborene Venus, der es an Bewunderern mangelt. Um sie zu trösten, nehme ich auf ihrer Schulter Platz, ringle mich dekorativ um den weißen Hals. Zwei einsame Schöne, die auf ein Wunder hoffen.

Das Wunder kommt ... ach nein, es ist nur eine Sklavin. Fällt ihrer nackten Königin zu Füßen und überbringt eine Nachricht. Der Inhalt: Mark Antonius, das Bocksbein, besteht darauf, die Herrscherin Ägyptens in Tarsos zu treffen.

Im Nu geht mit Cleo eine Verwandlung vor. Sie klatscht in die Hände, kichert wie ein Schulmädchen, wird über und über rot. Hat das Rosenöl so schnell gewirkt?

Schmierentheater

Cleo schmiedet kindische Pläne. Wenn Mark Antonius schon nach ihr verlangt, dann sollen ihm bei ihrem Anblick auch die Augen übergehen (als wenn er nicht schon so genügend glotzen würde!). Mit allen Schätzen Ägyptens will sie ihn blenden, den armseligen Krieger und Proleten. Davon verspricht sie sich einiges für die Zukunft.

An einem sonnenüberglänzten Abend ist es dann soweit: Sechshundert Schiffe legen im griechischen Tarsos an, das größte und schönste davon dick mit Rosen bestreut. Leider ist das Heck kein Katzenkopf, sondern nur ein riesiger Elefantenschädel, dessen goldener Rüssel in den Himmel stößt. Zugegeben – er wirkt recht imponierend. Weniger imponierend als vielmehr albern finde ich dagegen die Steuerleute, die in kreischroten Gewändern auf dem Deck herumwimmeln. Feuervögel! Daß ich nicht lache! Sind mir mein Leben lang

nicht unter die Krallen gekommen, solche Flattermänner. Aber Cleo besteht darauf.
Sie selbst spielt die Aphrodite. Lagert malerisch in einer Muschel und kann das Gesicht vor lauter Zopfgeflecht nicht bewegen (ich nehme an, ein Teil der Kopfhaut steckt mit drin). Da bin ich ja mit meiner doppelreihigen Perlenkette um den Hals noch gut bedient.

Wenn er auch fürchterlich kratzt, der Klunker. Gerade will ich mich vorsichtig mit der Pfote jucken, da ertönt wildes Geschrei, und unter dem Gewimmere von Flöten und Zymbeln betritt Herakles das schwankende Schiff. Neben mir knirscht Klein-Cäsarion, als Kriegsgott verkleidet, mit den Zähnen. Ihn drückt der Helm.

Sieben heiße Nächte

Zum Festmahl – mit Muscheln gefüllte Zicklein, in Honig gegarter Fisch, allerliebste Täubchen, geröstet und gesotten – dürfen wir gerade noch bleiben, dann verlangt Aphrodite, mit diesem Herakles (Sie haben es erraten, natürlich verbirgt sich das Bocksbein Antonius dahinter) allein zu sein. Cäsarion, der murrt, bietet sie eine Ohrfeige an, mir, die ich nur gelangweilt gähne, winkt sie mit einer uralten Augenbinde. Da kann ich nur abermals gähnen.

Ein Bankett folgt dem anderen, mit immer üppigeren, immer appetitlicher duftenden Menüs, immer neuen Blumenteppichen, immer jüngeren Sklavinnen in immer durchsichtigeren Gewändern, immer wertvolleren Gastgeschenken (wozu auch die Sklavinnen gehören) – sieben Nächte lang. Unter griechischem Sternenhimmel fährt Cleo den ganzen mühsam zusammengekratzten Reichtum ihres Landes auf, tut alles, um ihrem Bocksbein zu imponieren. In der letzten Nacht – sie

kaut schon vor Nervosität Fingernägel – wirft sie sich dann höchstpersönlich in die Waagschale.

Das gibt den Ausschlag. Mark Antonius, nur noch mit einem Leopardenfell bekleidet, ist von Aphrodite plus unzähligen Gallonen Samoswein derart berauscht, daß er lallend verspricht, nach Alexandria zu kommen. Er will sich erstens um Cleos persönliches Wohl und zweitens um die Geschicke Ägyptens kümmern. Na, denn Prost!

Oh, Cleo!

Haben wir das nicht schon einmal gehabt? Schwüle Nächte und Unmengen von Wein? Nur sind seit dem wilden Geturtel damals mit Cäsar ein paar Jährchen ins Land gegangen. Cleo ist inzwischen, vorsichtig ausgedrückt, eine reife Frau (auch Göttinnen altern). Trotzdem bildet sie sich ein, nochmals die große Liebe zu erleben. Typischer Fall von Torschlußpanik.

Sie albern herum wie Zehnjährige. Antonius zeigt seiner Geliebten, wie man ein Pferd besteigt und damit die kostbare Saat zertrampelt, und Cleo bringt ihm bei, im Meer zu schwimmen. Ich beäuge die neckischen Wasserspiele kritisch aus der Distanz. Wenn der Kerl so blöd ist, im nassen Element wie ein Kindskopf herumzutoben – bitte sehr! Sein Problem. Viel ist an dem schmuddligen Lockenkopf sowieso nicht zu verderben.

Aber was ist das? Eine neue Variante im Liebesspiel? Wie eine Ertrinkende klammert sich Cleo an den haarigen Römerarm, ihr Gesicht erscheint unter der Sonnenbräune sehr blaß. Sie würgt.

„Wer bei Jupiter hat dich vergiftet?" brüllt Antonius – dieser Idiot! – in meine Richtung. „Führt mir alle Köche in Ketten vor."

„Aber nein doch, Mark Anton, nein", besänf-

tigt ihn Cleo. Verlegen nestelt sie an ihrem triefendnassen Obergewand, unter dem sich deutlich der Busen wölbt. Heilige Hathor, Göttin mit den Kuhohren! Meine Herrin ist wieder schwanger.

Doppelte Überraschung

Diesmal muß sie die Sache allein durchstehen, ich kann Cleo nicht helfen. Wäre ja auch direkt peinlich, im stattlichen Katzenalter von bald vierzehn noch einmal Mutter zu werden. Nein, nein, jetzt sind Jüngere dran. Außerdem – ich gestehe es offen – es fehlt der Vater.
Wäre das bei Cleo doch bloß auch so gewesen! Ihr Zustand nimmt sie mehr mit, als sie zugeben will. Träge schleppt sie sich durch die Hitze, läßt sich von Gnäa stundenlang mit Straußenfedern bewedeln, befragt Dutzende von Astrologen (für viel Gold) nach ihrem Geschick. Na klar, sie hat Angst, diesen Barbaren zu verlieren. Wenn Sie mich fragen, so hat sie das längst. Kaum hat Antonius nämlich von der „freudigen Nachricht" gehört, ist er Hals über Kopf nach Rom abgereist, angeblich, um Octavian zu treffen. Wenn das mal bloß keine Octavia ist!

So erfährt er erst nach Wochen, daß er Vater von Zwillingen geworden ist. Ja, Cleo hat diesmal gleich zwei Junge geboren, ein weibliches und ein männliches. Während die Tochter meiner schönen Herrin wie aus dem Elfenbeingesicht geschnitten ist, entpuppt sich der Sohn als das Abbild seines Vaters.
Werde ich denn diese Kanaille niemals los?

Schock auf Schock

Natürlich, es war eine Octavia. Habe ich es nicht gleich gesagt? Octavia, die Schwester von Octavian, und dieser Verräter Antonius hat sie – halten Sie sich fest – *geheiratet*. Cleos Schwächeanfall ist nicht gespielt, als sie einen Brief von ihm bekommt. Hilfesuchend an mich geklammert, liest sie laut vor sich hin: „Ich schwöre dir, diese Heirat ist reine Vernunft, Vernunft, um dein (unser) schönes Ägypten vor Octavians Zugriff zu bewahren. Manchmal muß man eben – besonders als Römer – mit den Wölfen heulen, hahaha. Tradition verpflichtet. Meine Gedanken aber weilen einzig bei dir, bei Cleopatra Selene und Alexander Helios."

Schöne Vernunft! Ein Jahr später bringt Octavia eine Tochter zur Welt. Von Rückkehr oder verzehrender Sehnsucht kann wohl kaum die Rede sein. Im Gegenteil, Antonius amüsiert sich noch dazu munter in der ganzen Welt herum. Hat die Herrin vom Nil das nötig?

Zwei auf dem Leuchtturm

Anscheinend. Denn statt diesem widerlichen Menschen endlich, so wie es ihm gebührt, Riesenhörner aufzusetzen, wird Cleo sentimental. Pilgert Abend für Abend zum

Leuchtturm Pharos hinaus, um sehnsüchtig Ausschau nach einem gewissen roten Segel zu halten. Vier volle Jahre lang. Ihre Kinder werden größer, der Nil tritt ordnungsgemäß über die Ufer, Ägypten blüht und gedeiht, auch Kater gibt es wieder an allen Ecken, doch die Königin schaut und schaut.
Was bleibt mir anderes übrig, als das gleiche zu tun?

Rache ist süß

Das Ausschauhalten hat sich letztendlich gelohnt: Mark Antonius ist zurückgekehrt. Ebenso plötzlich, wie er verschwunden ist. Im ersten Moment habe ich ihn gar nicht erkannt, so fett ist er geworden. Fett und unansehnlich. Wie ich immer sage: Was einer ist und woher einer kommt, wird im Alter erst richtig deutlich. Wofür ich das beste Beispiel bin.

Cleo spielt zu meiner Freude die Kühle. Nein, nein, so schnell verzeiht eine Königin nicht, dazu waren die Nächte auf dem Leuchtturm zu zahlreich (und zu zugig. Ich leide jetzt noch an Ischias in der linken Hinterpfote.) Die Wimpern mit geschwärztem Wachs künstlich verlängert, den Hals hinter taubeneiergroßen Rubinen versteckt, schaukelt sie gelassen in der Hängematte und diktiert die Bedingungen: erstens eine Heirat (daß Frauen immer aufs Heiraten aus sind!), zweitens die Mitregentschaft ihres Lieblings Cäsarion, drittens die Wiederherstellung der einstigen Weltmacht Ägyptens. Ich warte noch auf eine Generalentschuldigung von seiten Mark Antons gegenüber meiner Person, doch leider, leider – Cleo wird langsam vergeßlich.

Ansonsten – ihre Rechnung geht auf. Der Spätheimkehrer ist angeschlagen genug, um pausenlos mit seinem inzwischen schon angegrauten Haupt zu nicken. (So toll scheint das mit Octavia nicht gewesen zu sein.) Ja, ja, ja, dreimal ja, aber jetzt hinaus mit Sklavinnen, Schoßkatzen und ähnlichem Zeugs – *seine Worte* –, er will endlich in Ruhe Wiedersehen feiern.

Eilig mache ich mich aus dem Staub. Bin ich froh, daß ich mit all dem nichts mehr zu schaffen habe!

Endlich – Triumph!

Ist das wirklich schon ein volles Katzenleben her, daß ich meinen ersten Geburtstag feierte? Inzwischen sind achtzehn Jahre vergangen. Ich bin Ägyptens älteste Schoßkatze, ein Nationaldenkmal ähnlich der Pyramide von Gizeh. Nur steht es nicht jedem zu, mich zu besichtigen ...
Privat hat sich alles bestens geregelt. Antonius steht ganz in Cleos weiblicher Macht. Nach außen spielt er zwar noch den starken Mann, daheim aber muß er kuschen. Oh, wie ich diesen Triumph genieße!
Gestern nun erlebte ich den Triumph der Triumphe. Es war während unserer Geburtstagsfeier. Cleo hebt den Becher, um auf unser beider Wohl anzustoßen, trinkt daraus. Bevor sie das Gefäß an Antonius weiterreicht, wirft sie eine papageiengrüne Blume hinein. Dieser Barbar greift gierig danach und keucht: „Schon bald Mittag und noch immer keinen

Tropfen Alkohol. Das hält der zäheste Krieger nicht aus." (Und dafür halte ich den aufgeblasenen Kerl trotz seiner Riesensprüche keineswegs.) Da schlägt Cleo ihm den Becher wie zum Spaß aus der Hand.

„Nicht." Sie lacht, daß es ihre zarten Schultern schüttelt. „Der Wein ist vergiftet. Oh", fährt sie fort, als er sie fassungslos anstarrt, „wenn ich gewollt hätte, ich hätte dich hundert-, was

sage ich, tausendmal umbringen können. Aber noch brauche ich dich. Ist es nicht so, Hatschepsut?"
Hatschepsut? Hat sie Hatschepsut gesagt?! Fast verschlucke ich mich an meiner Geburtstagsportion Schwertfisch.

Ende gut, fast alles gut

Unsere grünen Sphinxaugen versenken sich ineinander. Cleo neigt sich zu mir herüber, fast unbemerkt berührt sich unser leicht angegrautes Haar. In diesem Moment sind wir eins, wir beiden schönen Ägypterinnen vom Nil. Du bist wahrhaftig eine große Königin und noch größere Frau, Cleopatra VII, und ich ein seltenes Kleinod von Katze. Eine weise Vorsehung, die uns zusammengebracht hat.

Weniger schön ist, daß du mich bald darauf deinem Jüngsten, Ptolemäus Philadelphus Antonius, zum Spielen gibst. Er ist kaum ein Jahr alt, grob wie sein Vater und reißt mich bei jeder Gelegenheit am Ohrring. So habe ich mir mein Alter nicht vorgestellt.
Doch die Götter wissen, welches Schicksal noch auf meine Herrin und auf mich wartet...

96 Seiten · Efalin

368 Seiten · Efalin